Ravensburger
Hobbybücher

Jutta Lammèr

Freies Weben

Wege und Möglichkeiten
phantasievoller
Textilgestaltung
im kleinen Rahmen

Otto Maier Verlag
Ravensburg

Inhalt

© 1974 by Otto Maier Verlag Ravensburg
Alle Rechte vorbehalten
Fotos: Manfred Bauer-Hamersen
Zeichnungen: Ariane Heyduck
ISBN 3-473-45549-0
5   78 77

Weben ohne Probleme

Das freie Weben hat kaum etwas mit der traditionellen handwerklichen Webtechnik zu tun. Lediglich die Begriffe ›Kette‹ – für die Spannfäden – und ›Schuß‹ – für die waagerecht eingewebten Fäden – spielen auch hier eine Rolle.

Das freie Weben eröffnet dem Laien ungeahnte Möglichkeiten zu schöpferischer Entfaltung. Die Technik läßt sich ohne Vorkenntnisse und ohne aufwendige Geräte ausführen. Man braucht weder Vorlagen noch Zählmuster dazu, sondern kann allein seinen Ideen folgen, die sich beim Umgang mit dem Material von selbst ergeben.

Beim kreativen Weben darf man nicht kleinlich sein. Man muß in Flächen denken und aus dem Vollen schöpfen. Das wird zuerst vielleicht etwas schwer fallen, jedoch kann man Partien, die einem nicht der Vorstellung entsprechend gelungen sind, ohne Materialverlust auflösen und neu gestalten oder korrigieren.

Es kommt im übrigen bei dieser Webtechnik mehr auf den dekorativen Charakter eines Stückes an als auf handwerklich perfekte Ausführung. Die Freude am Gestalten soll hier im Vordergrund stehen, nicht die Nutzanwendung des Ergebnisses.

Handgewebte Bilder und Wandteppiche in freier Gobelintechnik nennt man Textilgrafiken. Man kann solche Gewebe auch zu Taschen, Kissen, Westen oder anderen Sachen weiterverarbeiten oder kleinere Teile patchworkartig zusammensetzen.

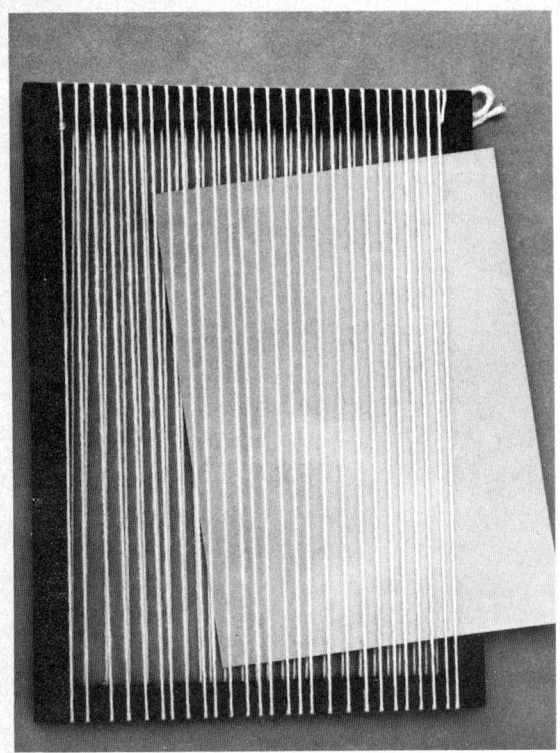

Die Kette spannt man so:
Faden oben links an die waagerechte Leiste knoten, dann Fäden vorn abwärts, hinten aufwärts mit jeweils etwa 1/2 cm Zwischenraum straff um den Rahmen winden. Das Ende rechts oben festknoten.

Weben auf dem Bilderrahmen

Schon ein einfacher Bilderrahmen eignet sich recht gut zum Weben. Damit man mit dem Garn nicht hängen bleibt, schleift man die meistens etwas rauhe Rückseite mit Sandpapier glatt. Dann kann man mit dem Spannen der Kettfäden beginnen. Dazu wird der Fadenanfang an der linken Seite der oberen waagerechten Rahmenleiste festgeknotet. Danach wickelt man den Faden in dichten Windungen – etwa 1/2 cm Zwischenraum – straff um den Rahmen herum: vorn in Abwärts-, hinten in Aufwärtsrichtung. Das Ende der letzten Windung wird rechts an der oberen Rahmenleiste befestigt. Damit man durch die rückwärtig verlaufenden Spannfäden nicht irritiert wird, deckt man sie mit einem Blatt Papier ab, das man in den Rahmen zwischen die Fadenlagen schiebt.

Mit dem Durchweben beginnt man an der rechten unteren Ecke (s. Seite 10).

Ist die ganze Kette bis zum oberen Rand durchwebt, schneidet man die Spannfäden auf der Rückseite des Rahmens in der Mitte durch und knotet sie bündelweise zu Fransen oder stopft sie einzeln ins Gewebe zurück (s. Seite 26).

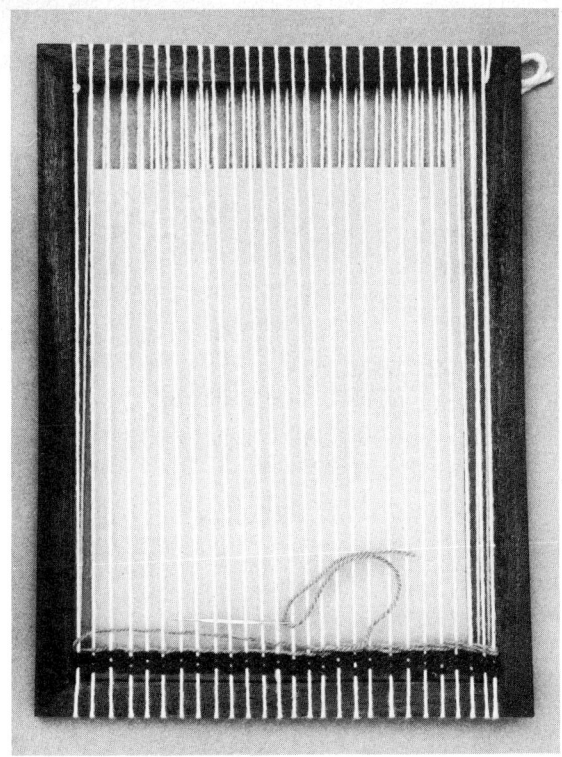

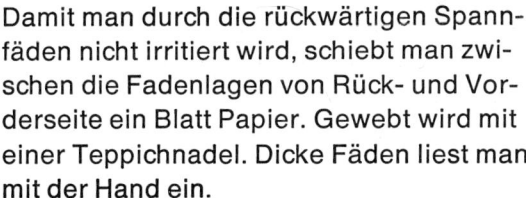

Damit man durch die rückwärtigen Spannfäden nicht irritiert wird, schiebt man zwischen die Fadenlagen von Rück- und Vorderseite ein Blatt Papier. Gewebt wird mit
einer Teppichnadel. Dicke Fäden liest man
mit der Hand ein.

Sind die Kettfäden der Vorderseite fertig
durchwebt, schneidet man die Kette auf
der Rückseite in der Mitte durch und verknotet die Fäden bündelweise oder stopft
sie einzeln ins Gewebe zurück und schneidet die Überstände ab.

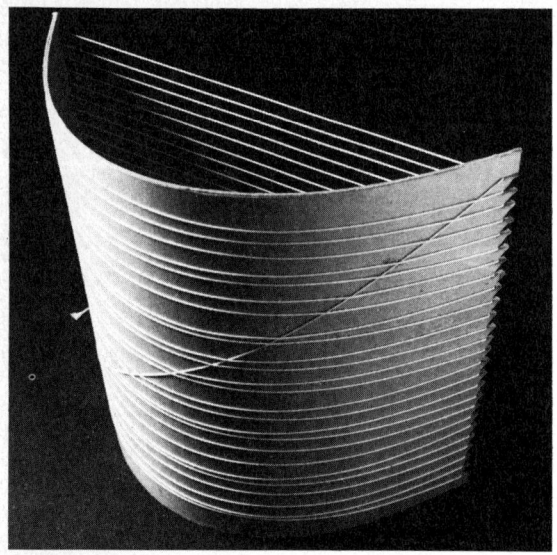

Webgondel nennt man ein solches Primitivgerät, das man aus Karton selbst herstellen kann. Die Kettfäden werden zwischen an den Schmalseiten befindlichen Zähnchen hindurchgeführt. Beim Spannen der Kette wölbt sich der Karton und schafft so genügend Spielraum zum Weben. Der kleine Wandbehang rechts wurde auf einer Gondel gewebt. Ein Ausschnitt in Originalgröße ist auf Seite 19 zu sehen.

Weben auf der Gondel

Eine Webgondel (links) kann man leicht selbst herstellen. Man braucht dazu nur ein Stück kräftigen Karton, das 5 cm breiter und um die Hälfte länger sein muß als das Gewebe werden soll; außerdem ein kräftiges Messer oder eine stabile Schere. An beide Schmalseiten des Kartons zeichnet man eine Reihe Striche, die jeweils 1/2 cm Abstand voneinander haben und 1 cm lang sind. Auf diesen Markierungen wird die Pappe senkrecht eingeschnitten. Danach macht man noch zwischen jeweils zwei senkrechten Schnitten einen diagonalen Schnitt – von der Spitze des einen Einschnitts zum Ende des danebenliegenden – so daß kleine Zähne entstehen.

Nun biegt man den Karton vorsichtig gondelförmig aufwärts und knotet rechts und links einen Haltefaden darum, damit sich die Form nicht verändert. Anschließend wird die Kette gleichmäßig gespannt. Das macht man genauso, wie bei dem Bilderrahmen auf Seite 4 beschrieben.

Die beiden Haltefäden können danach wieder entfernt werden. Anfang und Ende der Kette verknotet man auf der Unterseite der Gondel miteinander.

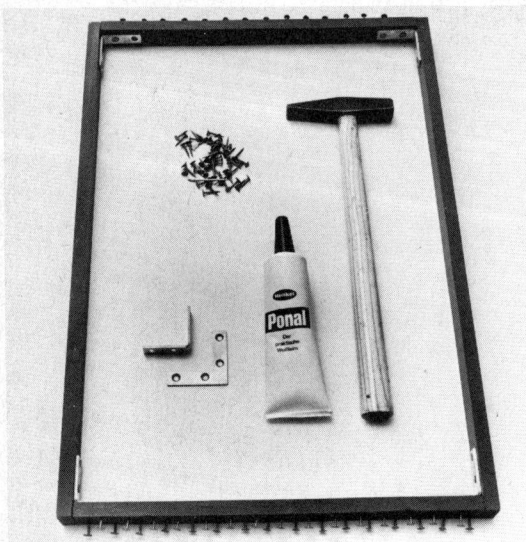

Zur Herstellung eines Nagelrahmens braucht man: 2 kurze und 2 längere Holzleisten, ca. 1 × 2 cm stark, blaue Kammzwecken, Holzleim und 4 Stuhl- (oben) oder Fensterwinkel (darunter). Damit sich die Leisten beim Einschlagen der Nägel nicht spalten, werden die Nägel in zwei Reihen versetzt angeordnet. Das macht man vor dem Zusammenleimen des Rahmens. Die Metallwinkel kommen in die Ecken. – Das Foto rechts zeigt, wie die Kettfäden um die Nägel gespannt werden müssen.

Weben auf dem Nagelrahmen

Sparsamer als auf Gondel oder Bilderrahmen kann man auf einem Nagelrahmen weben, weil hierbei die Kette nur über die Vorderseite des Rahmens gespannt wird. Für einen Nagelrahmen braucht man ein Paar kurze und ein Paar längere Holzleisten, etwa 1 × 2 cm stark, bei einer Rahmengröße von ca. 30 × 40 cm oder kleiner. Für einen größeren Rahmen müssen die Leisten kräftiger sein und auf der Rückseite an den Ecken durch größere Holzdreiecke verstärkt werden, damit der Rahmen sich nicht verzieht. Bei einem kleinen Rahmen genügt eine Eckverstärkung mit Metallwinkeln (Foto). Bevor man die Leisten zusammenleimt, schlägt man in die beiden kürzeren Stücke Nägel ein. Dazu macht man auf der breiteren Seite jeder Leiste über die ganze Länge in die Mitte einen Strich. Etwa 1/2 cm über und unter diesem Strich werden die Nägel mit 1 cm Abstand so weit eingeschlagen, daß sie noch einige Millimeter hervorstehen. Die Nägel der Reihe über dem Strich müssen jeweils versetzt (auf Lücke) zu denen unter dem Strich stehen.
Die Kettfäden spannt man um jeweils ein Nagelpaar.

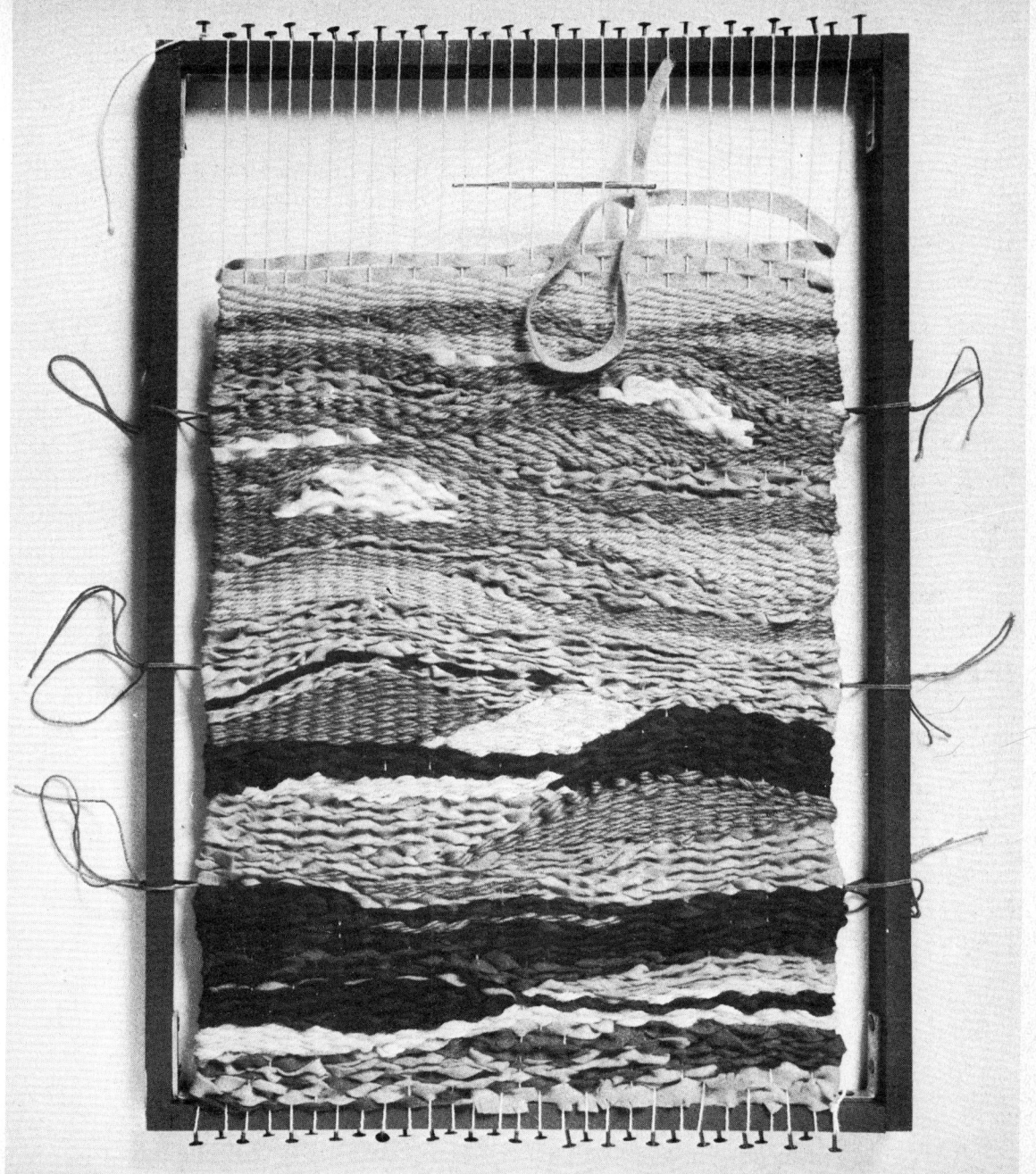

Mit dem Spannen der Kette beginnt man oben links, führt dann den Faden abwärts, um das untere linke Nagelpaar herum, wieder aufwärts um das nächste Nagelpaar und so weiter, bis der ganze Rahmen bespannt ist. Dann beginnt das Weben: mit einer Teppichnadel, in die man einen Faden eingefädelt hat, fährt man abwechselnd unter einem Kettfaden hindurch, über den nächsten, unter den folgenden usw. Ist die Reihe zu Ende, wendet man und webt in versetztem Rhythmus zurück.

Außer einzelnen Fäden kann man auch ganze Fadenbündel, Rohwolle, Stoffstreifen oder anderes Material verweben, indem man es mit der Hand einliest. Wichtig ist, daß man die Schußreihen stets nach unten schiebt, damit sich eine geschlossene Fläche ergibt. Die Schußfäden müssen jedoch locker eingezogen werden, sonst wird das Gewebe immer schmaler und bekommt eine Taille. Um das zu vermeiden, kann man es stellenweise noch an den seitlichen Rahmenleisten festbinden (s. Foto Seite 9).

Freies Gestalten einer Fläche

Ein Gewebe kann man auf verschiedene Weise gestalten: durch die Aufteilung der Fläche, Verwendung verschiedenartigen Materials, unterschiedliche Webtechniken oder Variationen in der Schußfadenführung, wie auf dem Foto rechts. Die ersten Reihen eines Gewebes macht man stets durchgehend, genauso die letzten, damit die Arbeit einen geraden Kantenabschluß hat. Zwischendurch kann man auf der übrigen Fläche jedoch an beliebiger Stelle wenden und auf diese Weise nur Teilpartien weben, die ineinander übergehen.

Eine fliehende Fläche (Keil) erreicht man, indem man am Ende jeder zweiten Reihe – also immer an derselben Seite – um einen Kettfaden eher wendet, als in der Reihe davor.

Eine steigende Fläche ergibt sich in umgekehrter Arbeitsfolge: man beginnt mit einer kurzen Reihe und nimmt dann an einem Ende beim Wenden jeweils einen Kettfaden mehr mit auf (s. Zeichnung Seite 12). Einen Bogen erreicht man durch gleichseitiges Abnehmen, also zur Mitte hin versetztes Wenden.

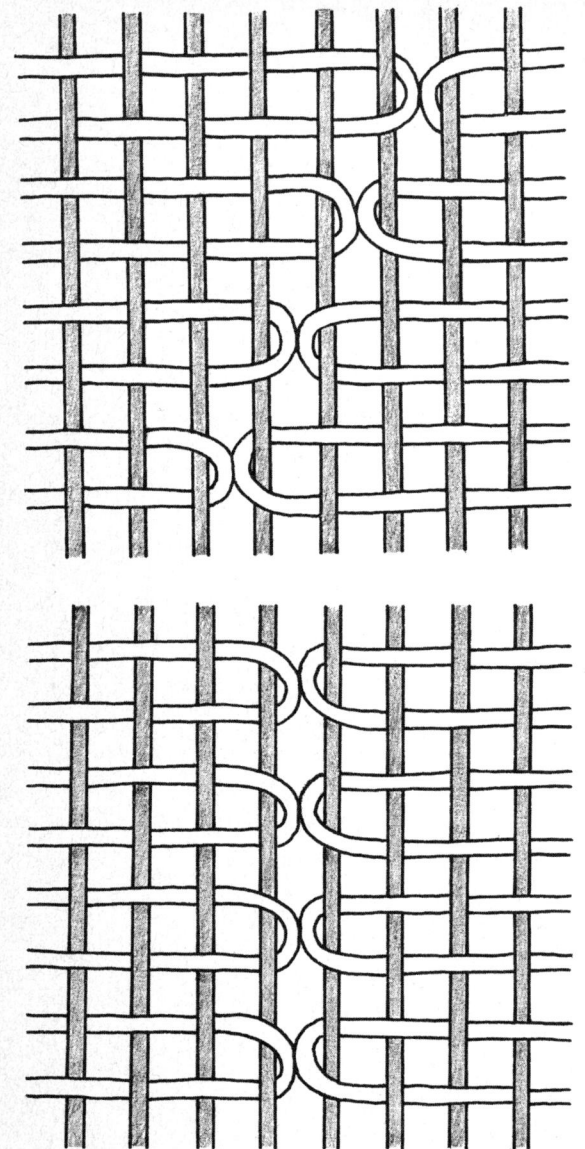

Abgrenzung von Flächen

Den fließenden Übergang einzelner Partien ineinander nennt man flämische Webtechnik. Eine klare Abgrenzung erreicht man mit der Kelimtechnik – auch Schlitzweberei genannt – und der Gobelintechnik. Während sich die Kelimtechnik vor allem für grafische Muster eignet, wendet man bei bildhaften Darstellungen besser die Gobelintechnik an. Eine diagonale Abgrenzung erreicht man durch Gegenüberstellung einer steigenden und einer fliehenden Partie (Zeichnung links oben).

Bei der Kelimtechnik wendet man die Reihen der einzelnen Partien jeweils an derselben Stelle, so daß Schlitze entstehen. Bei kleineren Arbeiten (Foto rechts unten) kann man die Schlitze offen lassen, bei großflächigen werden sie auf der Rückseite zusammengenäht.

Die Gobelintechnik erlaubt mehrere Möglichkeiten. Einmal kann man die Fäden zweier aneinandergrenzender Flächen zwischen den Kettfäden miteinander verschlingen (Zeichnung rechts oben), zum anderen kann man aber auch die von links und rechts kommenden Schußfäden um einen gemeinsamen Kettfaden wenden. Es ergeben sich dann verzahnte Konturen (Foto rechts oben).

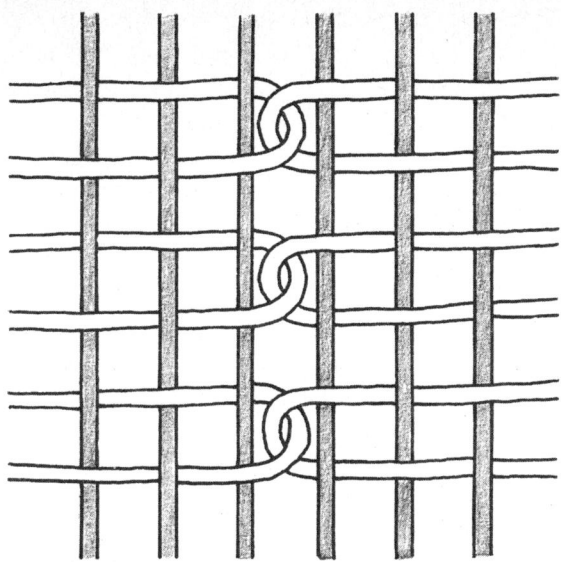

Die diagonale Trennung einzelner Partien erreicht man durch Gegenüberstellung von steigenden und fliehenden Teilflächen (Zeichnung Seite 12 oben).
Eine senkrechte Trennung erreicht man, indem man entweder jede Partie für sich an derselben Stelle wendet (Zeichnung Seite 12 unten und Foto Seite 13 unten), oder die Schußfäden zwischen zwei Kettfäden ineinanderhängt (Zeichnung oben). Man kann auch die Schußfäden zweier Partien um einen gemeinsamen Kettfaden wenden (Foto rechts oben).

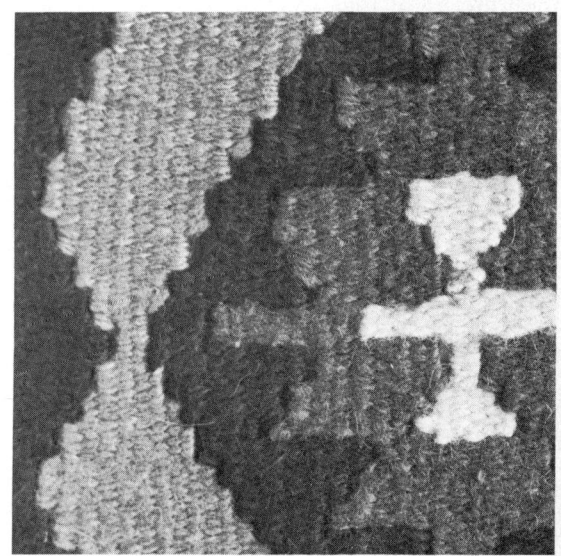

Amerikanische Loopschlingen

Verschiedene Schlingen

Man kann nicht nur den Schußfaden in regelmäßigen Auf- und Abgängen durch die Kette führen, sondern verschiedene Schlingen – auch Knoten genannt – weben. Mehrere Reihen solcher Schlingen, die man alle übereinander setzen oder durch jeweils einen normal eingewebten Schußfaden unterbrechen kann, ergeben ein interessantes Webbild.

Die Amerikanische Loopschlinge (Zeichnung oben) wird häufig auch zur gleichmäßigen Verteilung der Kette angewendet, besonders dann, wenn diese sehr weitläufig gespannt ist. In diesem Fall macht man am unteren und am oberen Querholm des Rahmens je eine solche Schlingenreihe. Auch zur Begrenzung von Motiven (s. Seite 20: Aufteilen einer Fläche) eignet sich der Amerikanische Loop, der wie ein Kettenstich wirkt, besonders gut.

Bei der Sumak-Schlinge (Zeichnung unten) muß man sehr locker arbeiten, damit die über jeweils zwei Kettfäden reichenden Schlaufen plastisch aufliegen. Man sollte deshalb für diese Technik möglichst füllendes – also nicht zu dünnes – Schußmaterial verwenden. Die Zeichnung zeigt den Anfang und das Wenden der Sumak-Technik mit dazwischenliegenden Schußreihen.

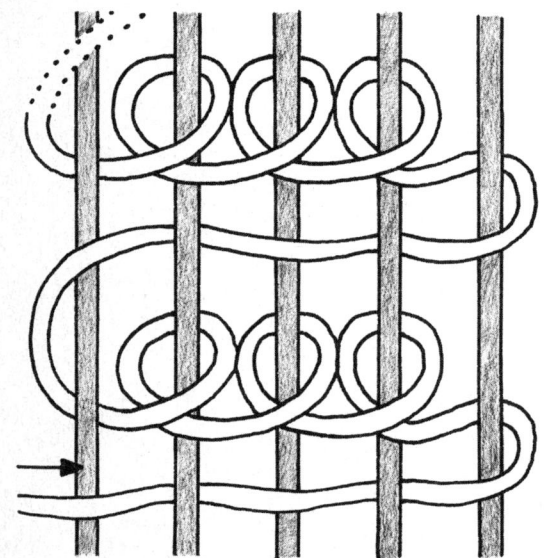

Sumak-Schlingen

Die Ägyptische Schlinge (Zeichnung oben) ist eigentlich eine Sumak-Schlinge von der unrechten Seite gesehen. Man übergeht hierbei auf der Vorderseite der Arbeit einen Kettfaden, auf der Rückseite jeweils zwei Fäden. Viele Reihen dieser Schlingen übereinander angeordnet ergeben ein perlartiges Webbild, das sehr hübsch aussieht. Das Schußmaterial sollte auch bei dieser Technik nicht zu dünn sein.

Die Schwedische Schlinge besteht aus jeweils zwei Schlingenreihen, die gegenläufig ausgeführt werden (Zeichnung unten). Nach jeweils einer Doppelreihe (Hin- und Rückreihe) werden zwei Reihen in einfacher Manier gewebt, um die beiden Schlingenreihen dicht zusammenzuhalten. Die Schlingen sind einfach auszuführen, lediglich das Wenden ist zuerst etwas schwierig. Man beginnt mit der Hinreihe an der linken Kante der Arbeit bzw. der Teilpartie, die in dieser Technik gewebt werden soll. Zum Wenden wird der Schußfaden als Schlaufe unter dem Kettfaden hervorgezogen, dann fährt man mit der Nadel über den Kettfaden und von unten aufwärts durch die Schlaufe. Zwischen dem zweiten und dritten Kettfaden sticht man wieder abwärts.

Ägyptische Schlingen

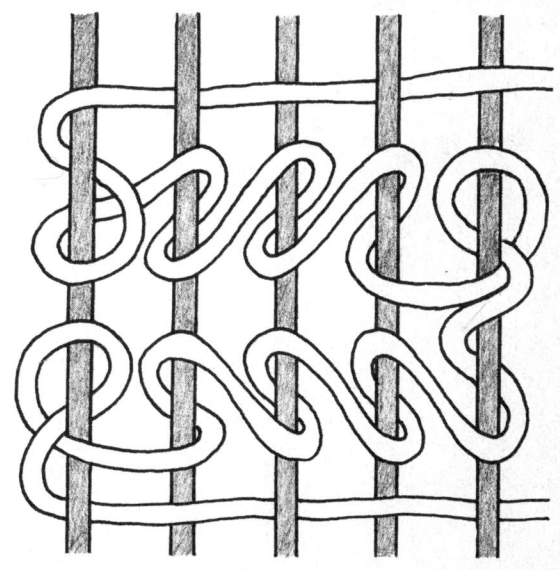

Schwedische Schlingen

15

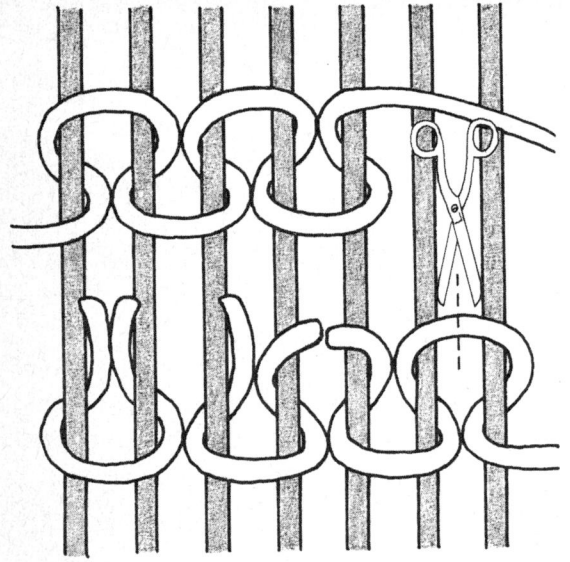

Knüpfgewebe

Auf einer Kette kann man nicht nur weben, sondern auch knüpfen, und zwar auf verschiedene Arten. Eine davon ist die Herstellung des Flors durch Ghiordes-Schlingen. Diese Schlingen (Zeichnung links) werden über jeweils zwei Kettfäden pro Schlinge gearbeitet. Schneidet man den Querfaden jeder zweiten Schlinge in der Mitte durch, entsteht ein Flor wie beim Knüpfen. Soll dieser Flor höher sein, legt man ein Knüpfstäbchen waagerecht auf die Kettfäden und führt die Ghiordes-Schlingen jeweils um das Stäbchen herum. Damit die einzelnen Schlingen sich nach dem Aufschneiden nicht lösen, webt man nach jeder Reihe eine normale Schußreihe (Auf-und-ab-Technik) ein. Dieses nach Art pommerscher Fischerteppiche hergestellte Gewebe ist sehr fest. Soll eine Teilfläche mit Flor versehen und von normalem Grundgewebe umgeben sein, läßt man die Schußfäden unter der mit einem separaten Faden gearbeiteten Ghiordes-Partie vom Anfang dieses Webteils bis zu dessen Ende durchlaufen und webt anschließend mit ihnen weiter (Arbeitsprobe Foto links).

Eine andere Möglichkeit, das Einknüpfen einzelner Fadenabschnitte, zeigen die Fotos auf Seite 17.

Zum Einknüpfen einzelner Florfäden muß
man das Garn, je nach gewünschter Flor-
höhe, in etwa 6–8 cm lange Abschnitte teilen.
Dazu wickelt man es am besten um ein entsprechend breites Stück Pappe und schneidet die Windungen an den Kanten auf. Das
Garn muß ohne Spannung gewickelt werden.
Man legt zum Knüpfen einen Fadenabschnitt
über zwei Kettfäden und biegt die Enden
abwärts.

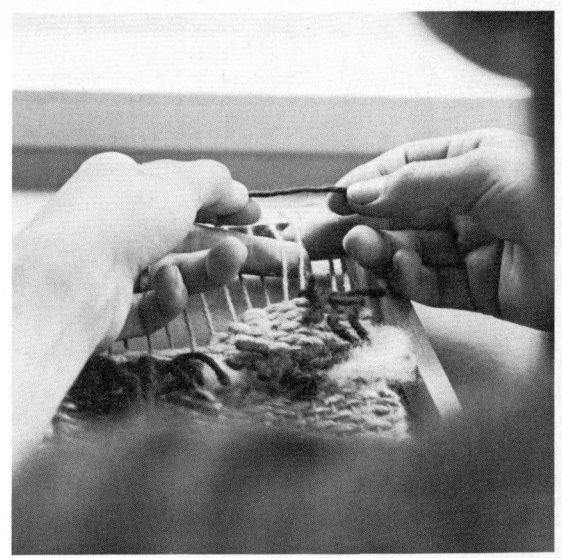

Die nach unten gebogenen Enden holt man
zwischen den beiden Kettfäden wieder nach
oben, faßt sie mit zwei Fingern und zieht
sie in Richtung auf die darunter verlaufenden Webreihen fest.
Hat man eine Reihe (oder die Reihe einer
Teilpartie) geknüpft, werden zwei Reihen
normal gewebt, um die Knüpffäden festzu-
halten. Bei den folgenden Knüpfreihen
werden die Florfäden um jeweils einen Kettfaden versetzt, also auf Lücke eingeknüpft.
Dadurch ergibt sich ein dichter Flor.

Florgewebe

Die hochstehenden Fäden, die man Flor nennt, können nicht nur eingeknüpft werden, sondern man kann sie auch einweben. Dazu muß man sie vorher tressieren, das heißt mit einem Faden, der ›Tresse‹, verbinden.

Besonders Flor aus einzelnen Stoffstreifen (Foto links oben) läßt sich besser einweben als einknüpfen.

Zum Tressieren braucht man zunächst Faden- oder Stoffabschnitte wie auf Seite 17 beschrieben. Diese Abschnitte werden in eine Luftmaschenkette eingehäkelt, und zwar wird quer zur Luftmaschenkette zwischen jeweils zwei Luftmaschen ein Abschnitt eingelegt – ähnlich wie die Papierstreifen an einem Drachenschwanz.

Die Fransentresse kann man wie einen normalen Schußfaden mit der Hand in die Kette einlesen. Die Fransen werden zwischen den Kettfäden nach vorn geholt.

Das Foto links unten zeigt tressierte Wollfäden.

Bei dem Webausschnitt rechts kann man drei verschiedene Florarten erkennen: tressierten Flor aus Stoffstreifen (Mitte rechts), eingeknüpfte Fadenabschnitte (oben rechts) und aufgeschnittene Ghiordes-Schlingen (daneben).

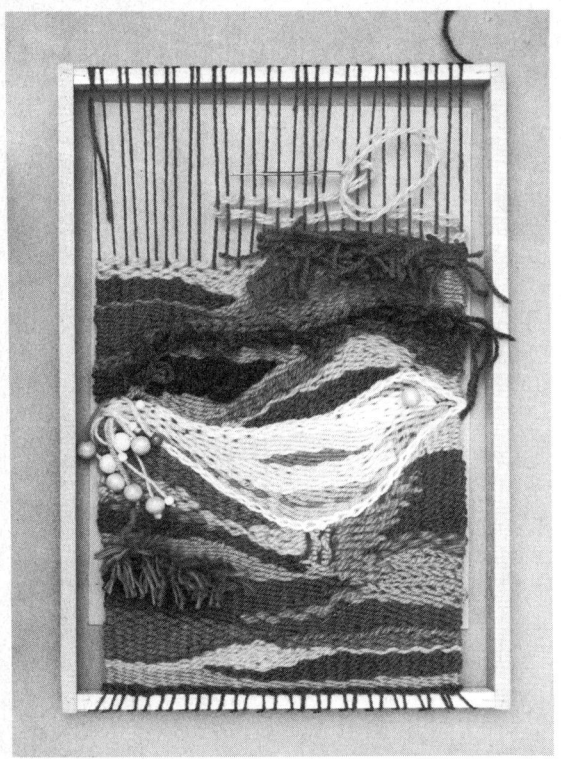

Die Konturen des Vogels wurden als erstes gewebt, und zwar in Amerikanischer Looptechnik (Seite 14). Sie markieren die Umrisse deutlich (Foto oben).
Die Konturen der Fische (Foto rechts) wurden ebenfalls zuerst gewebt, jedoch in einfacher Webtechnik. Wie man an dem bereits fertig gewebten Teilstück sieht, gehen sie ganz im Gewebe unter.

Aufteilen einer Fläche

Es ist der Sinn des freien Webens, daß man seiner Phantasie freien Lauf läßt und nicht nach irgendwelchen Vorlagen arbeitet. Um ganz bestimmte Vorstellungen zu verwirklichen, ist es dennoch manchmal nötig, eine Fläche vorher aufzuteilen. Man kann dazu eine Skizze in Größe der Webfläche machen und diese mit Klebstreifen unter der Kette am Webrahmen befestigen. Keineswegs aber sollte man eine fertige Vorlage mit Details anlegen, die man dann originalgetreu nachwebt.

Noch besser ist es, wenn man auf die Skizze verzichtet und die Fläche durch großzügig verteilte Konturen aus eingewebten Schußfäden markiert. Webt man solche Fäden, die sich innerhalb der Fläche beliebig verschieben lassen, in einfacher Technik in den Farben des vorgesehenen Hintergrundes ein, gehen sie später ganz im Gewebe unter. Webt man die Konturen dagegen in der Amerikanischen Looptechnik (Seite 14), treten sie deutlich als eine Art Kettenstich-Umrandung hervor (Foto links).

Wichtig ist, daß man die Konturfäden locker einwebt, damit sie beim Verschieben nicht die Kette zusammenziehen.

Die Kinder-Figur (Foto links) wurde nach einer auf Papier angelegten Umriß-Skizze gewebt.
Material: Kette aus Bindfaden (Drachenschnur), Schuß aus handgesponnener Schafwolle in den Naturfarben Weiß, Beige, Hell- und Dunkelbraun.
Technik an den Motivkonturen: Gobelin, Schußfäden um einen gemeinsamen Kettfaden gewendet (s. Seite 12).
Webgerät: Nagelrahmen (s. Seite 8).

Die Phantasie-Maske (Foto links und Ausschnittfoto rechts) wurde ohne Skizze und Flächenaufteilung aus freier Hand gewebt.
Material: Kette und Schuß aus feiner Kelimwolle, zweifädig verarbeitet, Teilstücke mit Silberdraht verarbeitet.
Technik: alle bisher beschriebenen Webtechniken außer Knüpfweben. Maskenkontur: lockere Ghiordes-Schlingen.
Webgerät: Leistenrahmen mit Nägeln.

Fertigstellen einer Webarbeit

Hat man die ganze Kette bis zum oberen Leistenrand durchschossen, wird das Gewebe vom Rahmen genommen.

Das ist bei einem Bilderrahmen, den man als Webgerät benutzt hat, sehr einfach: die Kettfäden werden auf der Rückseite in der Mitte durchgeschnitten (s. Seite 5). Genauso macht man es bei einem Gewebe, das auf einer Pappgondel (s. Seite 6) hergestellt wurde. Die Kettfäden werden dann paarweise oder in Bündeln unterhalb des Gewebes zu Fransen verknotet oder auf Daumenlänge gekürzt und einzeln auf der Rückseite ins Gewebe zurückgestopft.

Hat man einen Leistenrahmen mit Nägeln zum Weben verwendet, werden die Kettfadenschlaufen der oberen Nagelreihe mit einer dicken Nadel einzeln abgehoben (Foto links oben). Dann greift man mit einer Hand weit ins Gewebe (nicht nur in die oberen Reihen) und hakt die unteren Kettfadenschlaufen aus (Foto links unten). Das noch freie Stück der Kette wird an beiden Seiten ohne Rahmen bis zu den Schlaufen in der Hand durchwebt.

Man kann auch separate Fransen in die einzelnen Kettfadenschlaufen einknüpfen (Fotos rechts).

Für separate Fransen müssen die Fäden
alle gleich lang sein. Man wickelt dazu das
Garn ohne Spannung um ein Buch, dessen
Breite oder Länge der gewünschten Fran-
senlänge ungefähr entspricht. An einer Seite
des Buches werden die Windungen aufge-
schnitten. Dann legt man die Fäden jeweils
doppelt und führt sie mit dem Schlaufen-
Ende von hinten nach vorn durch die
Schlaufen der Kette.

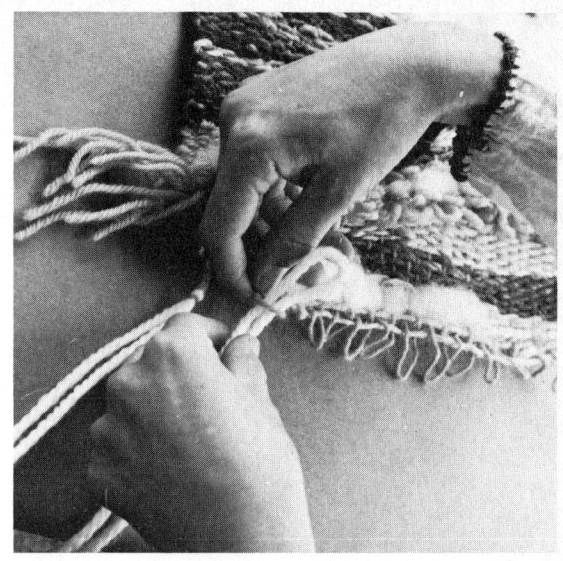

Die herunterhängenden beiden Faden-
Enden werden durch die Schlaufe der
Franse gesteckt und festgezogen. Danach
knotet man jede (nun doppelte) Franse noch
einmal so, daß der Knoten unmittelbar unter
der ersten Webreihe sitzt. Die Fransen
selbst können nun noch auf verschiedene
Weise verknotet, verflochten oder verschlun-
gen werden (s. nächste Seite). Bei Wand-
behängen wird nur die untere Kante mit
Fransen versehen. Oben schiebt man einen
Rundstab durch die Schlaufen.

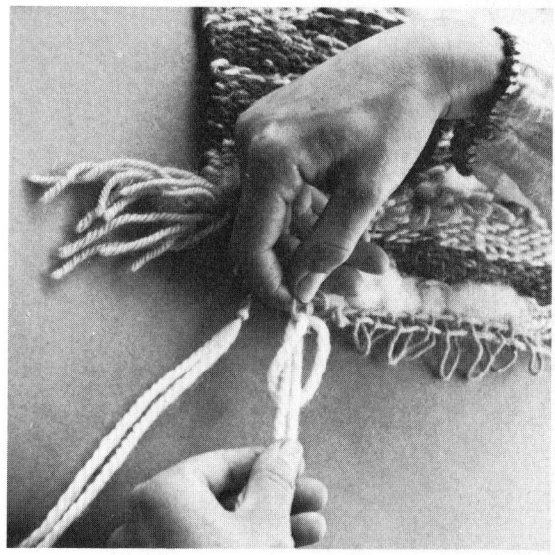

Glatter Kantenabschluß, Fäden ins Gewebe zurückgestopft.

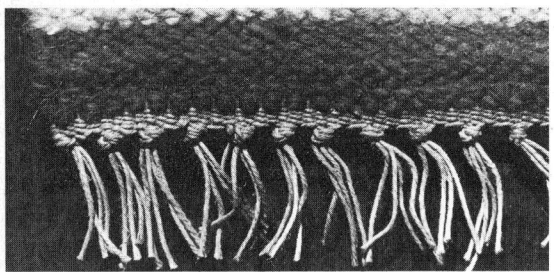

Klassische Fransenknoten.

Separat eingeknüpfte Fransen, versetzt gebündelt und umwickelt.

Kantenabschlüsse

Gewebe schließt man entweder mit einer glatten Kante oder mit Fransen ab.

Bei der glatten Kante werden die Enden der Kettfäden auf der Rückseite der Arbeit ins Gewebe zurückgestopft. Man kann die Kante jedoch auch wie bei maschinell gewebten Stoffen umsäumen. Dazu muß man am Beginn und Schluß des Gewebes etwa acht bis zehn Reihen mit dünnerem Schußmaterial arbeiten, damit man die Kanten später gut umschlagen kann und sie nicht zu sehr auftragen.

Mit Fransen kann man viel anfangen. Außer dem klassischen Fransenknoten (links Mitte) kann man Fransen bündelweise mit Stoffstreifen oder anderem Material dicht umwikkeln (s. Foto Seite 11) oder sie versetzt zusammenbinden (Foto links unten).

Der Fransenabschluß vom großen Foto rechts wurde so gemacht: untere Webreihen dicht mit überwendlichen Stichen umnäht, Kettfaden-Enden paarweise verknotet. In der Mitte ein Zöpfchen geflochten, im Bogen nach rechts geführt, Enden dort einzeln im Gewebe verstopft. Darüber von beiden Seiten kommende lockere Sumak-Schlingen (s. Seite 14), die in einem Zopf enden.

Weben mit Perlen

Beim Weben mit Perlen gibt es zwei Möglichkeiten: man kann die Perlen bereits mit dem Aufziehen der Kette ins Gewebe bringen, oder sie erst mit dem Schuß einarbeiten. Auf keinen Fall sollte man nachträglich Fadenabschnitte mit Perlen ins Gewebe einstopfen, das widerspricht dem Webcharakter und wäre auch nicht werkgerecht.

Perlen auf der Kette: Bevor man mit dem Spannen des Kettfadens beginnt, werden die Perlen daraufgefädelt. Während man nun die Kette spannt, verteilt man die Perlen nach Belieben auf die einzelnen Kettbahnen (links oben). Anschließend schiebt man alle Perlen an den oberen Rand des Webrahmens. Man holt sie während der Arbeit nach Bedarf herunter (links unten) und webt sie zwischen den Schußreihen mit ein. Durch das Umweben der Perlen ergeben sich interessante Wellenlinien des Schußfadens (großes Foto rechts).

Perlen auf dem Schuß: Wie bei der Kette werden hier die Perlen auf den jeweiligen Schußfaden aufgereiht und zwischen den Kettfäden verteilt. Webt man nun noch Schweden-, Ägypten- oder Sumak-Schlingen (s. Seite 14/15), treten die Perlen deutlich hervor.

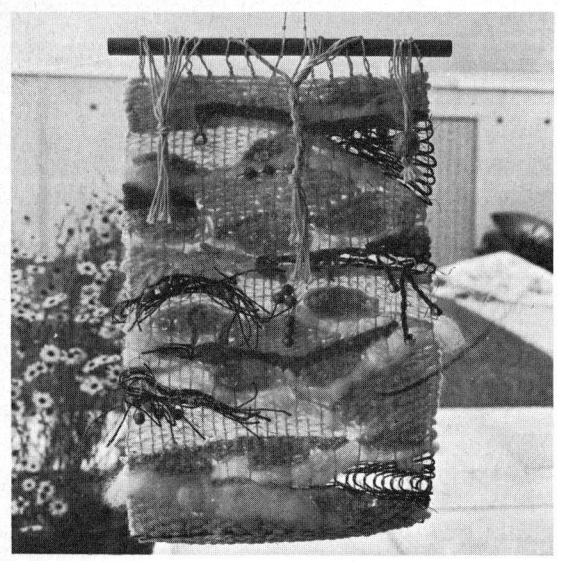

Bei der kleinen Textilgrafik links wurden Perlen auf Kette und Schuß aufgezogen. Stellenweise wurde der Schußfaden während des Webens noch zusätzlich mit Perlen versehen, die an kleinen Schlaufen traubenförmig herunterhängen.

Das Gewebe wurde auf dem Kopf, mit den Fransen nach oben aufgehängt und schließt mit einer glatten Kante (Saum) ab.

Material: Baumwollkette, Schuß aus Rohwolle, Wollgarn, Sisal, Bast und Plastikstreifen.

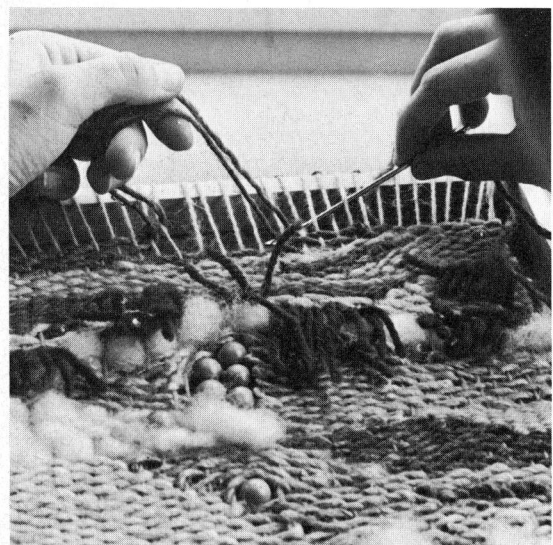

Plastisches Weben

Eine dreidimensionale Wirkung erzielt man, indem man einen Teil der Schußfäden als Kette verwendet. Die Fotos links unten und rechts zeigen eine von vielen Möglichkeiten: An einer beliebigen Stelle der Arbeit führt man die Schußfäden mehrerer Reihen nicht durch die Kette, sondern als lose Schlaufen über die Vorderseite des Gewebes. Die Reihen dürfen aber nur auf einem Teilstück unterbrochen werden, müssen also rechts und links mit der Kette verwebt sein (Foto links unten).

Hat man aus einigen Schußfäden in gerader oder ungerader Anzahl eine große Schlaufe gebildet, behandelt man diese nun wie

eine Kette und durchwebt sie mit dem Schußfaden der folgenden Reihe: man beginnt
also rechts am Anfang der normalen Kette,
durchwebt die Schlaufen im rechten Winkel
zum übrigen Schuß und arbeitet danach die
Reihe auf der gespannten Kette zu Ende
(rechts oben).

Die entstandene Webschlaufe kann man nun
noch in sich drehen und noch einmal mit
dem übrigen Gewebe verbinden, indem man
sie beim Weben einer der folgenden Reihen
an einer Stelle mit auf den Schußfaden
nimmt (rechts unten). Die mit der Schlaufe
übersprungenen Kettfäden des Grundge-
webes kann man entweder freilassen oder
mit einem in seiner Art abweichenden Material (z. B. Rohwolle) durchweben.

Der große Reiz des freien Webens liegt im
Experimentieren und in der Überraschung,
die große Gefahr in der Verführung, zu ver-
schwenderisch mit den Möglichkeiten von
Material, Form, Farbe und Technik umzu-
gehen und alle an einem Stück auszupro-
bieren.

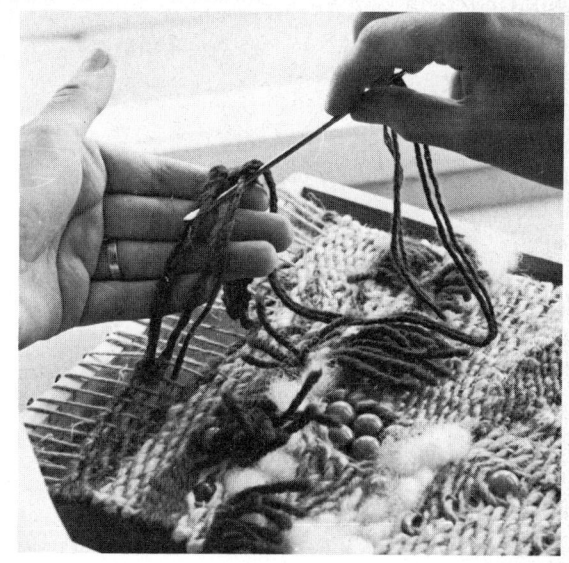

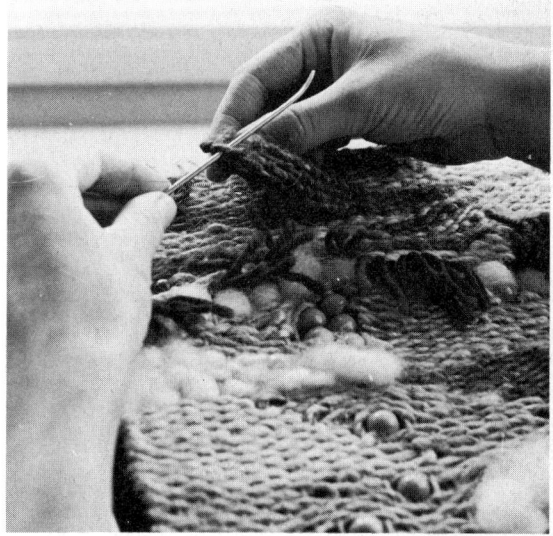

Weben auf runden Rahmen

Zum Rundweben kann man verschiedene Geräte verwenden, die auf den folgenden Seiten noch näher beschrieben werden. Der hier abgebildete Rundwebrahmen ist ein Ring aus Kunststoff, um dessen Zähnchen die Kette gespannt wird. Es gibt solche Rahmen in verschiedenen Größen (Bezugsquellenhinweis Seite 46) zu kaufen. Sie sind recht billig.

Man arbeitet wie folgt:

Am Ende des Kettfadens wird eine Schlaufe geknüpft, die man über das obere mittlere Zähnchen hängt, wobei der Rahmen wie auf dem Foto links oben gehalten wird. Dann führt man den Faden genau senkrecht abwärts um das darunterliegende Zähnchen, und zwar von links nach rechts. Der Faden wird nun aufwärts und um das Zähnchen geführt, das links neben dem ersten mit der Anfangsschlaufe liegt. Hier führt man den Faden links herum, dann wieder abwärts rechts neben das erste, aufwärts links um das nächste usw. Man spannt also oben links und unten rechts herumgehend weiter, bis alle Zähnchen umspannt sind und der Webring wie ein Speichenrad aussieht (Foto links unten).

Damit der Kettfaden befestigt wird, webt man mit ihm die ersten Runden. Man fädelt ihn in eine Teppich- oder Polsternadel ein und durchwebt Faden für Faden der Kette rundherum auf und ab.

Dabei muß man den Faden unterhalb des zuletzt umspannten Zähnchens gut festhalten, damit sich die Spannung der Kette nicht lockert (Foto links oben).

Nach den ersten zwei Webrunden zieht man den Faden ganz fest an. Dadurch ordnen sich die Kettfäden in der Mitte und legen sich am Drehpunkt gleichmäßig nebeneinander (Foto links unten). Man webt nun noch einige Runden, bis das Ende des Fadens verbraucht ist, und arbeitet anschließend mit beliebigem Schußmaterial weiter. Dieses Garn sollte zuerst nicht zu dick sein, weil die Kettfäden in der Mitte der Arbeit sehr dicht zusammenliegen.

Beim Rundweben braucht man nicht dauernd schneckenartig rundherum zu arbeiten, sondern man kann – genau wie bei Verwendung eines rechteckigen Rahmens – Teilstücke weben und auch die auf den Seiten 12–16 erläuterten Webtechniken anwenden (Foto rechts oben).
Die Enden der Schußfäden läßt man auf der Rückseite der Arbeit hängen. Sie werden später im Gewebe verstopft und abgeschnitten. Man kann sie auch miteinander verknoten.

Sollen Perlen eingewebt werden, kann man sie auf den Schußfaden nehmen oder vor dem Spannen auf den Kettfaden aufziehen, wie auf Seite 28 beschrieben und gezeigt. Man kann aber auch nachträglich Perlen auf die Kette ziehen. Dazu hebt man eine Fadenschlaufe von den Zähnchen ab, zieht sie durch die Perle und hängt sie wieder ein (Foto rechts unten).
Allerdings sitzen die Perlen bei dieser Methode jeweils auf zwei Kettfäden.

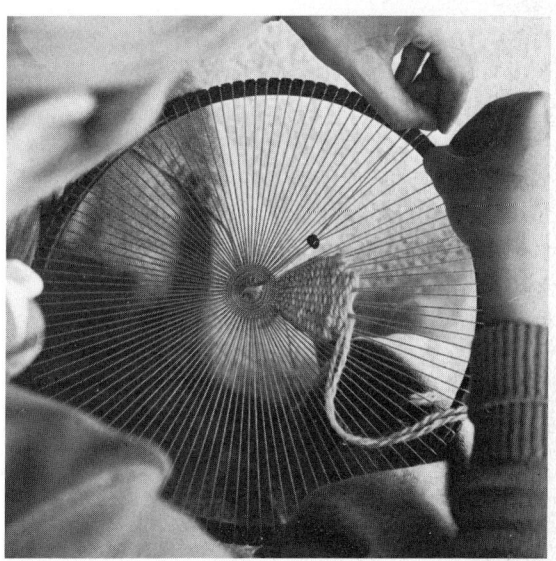

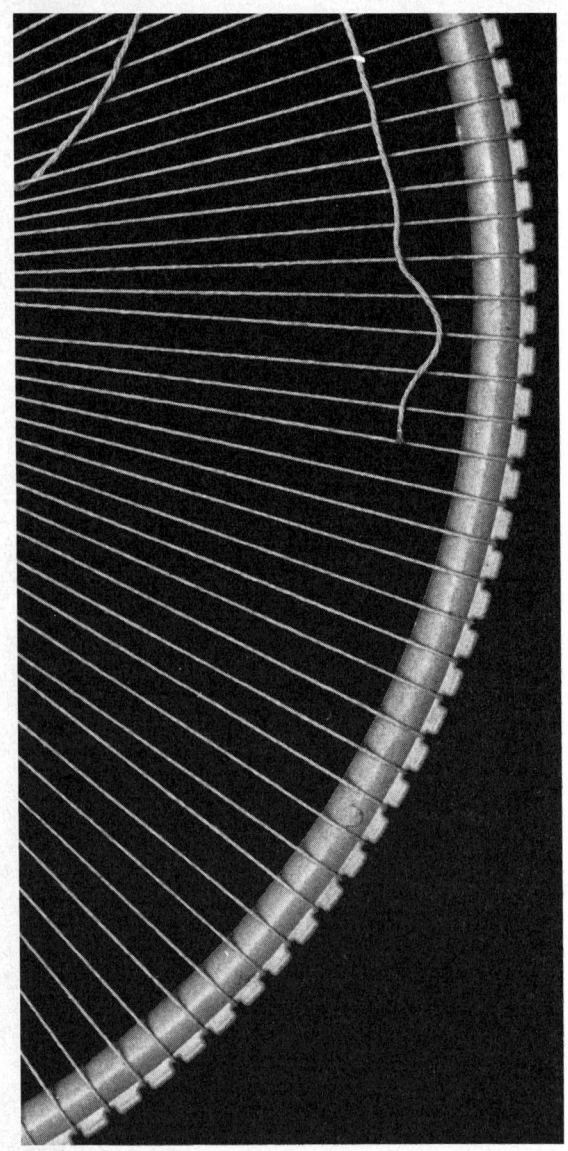

Fertigstellen eines Rundgewebes

Der beschriebene und links in einem der Originalgröße entsprechenden Ausschnitt gezeigte Rundwebrahmen ist, wie schon erwähnt, nicht teuer. Man könnte ihn also mit dem fertigen Gewebe an die Wand hängen und für ein weiteres Gewebe einen neuen Rahmen nehmen.

Will man den vorhandenen Rahmen jedoch mehrmals verwenden, muß man das Gewebe abnehmen. Dazu werden die Kettfäden einfach von den Zähnen abgehakt. Das Gewebe muß – sofern es aufgehängt werden soll – nun einen anderen Rahmen bekommen. Am besten eignet sich ein entsprechend großer Lampenschirm-Ring (im Lampengeschäft löten lassen) oder ein Reifen aus Pappe, Holz oder Kunststoff (Stickrahmen, Gymnastikreifen). Die Schlaufen der Kette werden um den Ring herumgelegt und auf der Rückseite am Gewebe festgenäht. Man kann den ganzen Ring auch umwickeln oder umhäkeln und dabei jeweils die Schlaufen mitfassen. Auch aus kräftigem Peddigrohr, das man durch die Kettschlaufen führt und zum Ring zusammenbindet, kann man einen Rahmen für Rundgewebe machen.

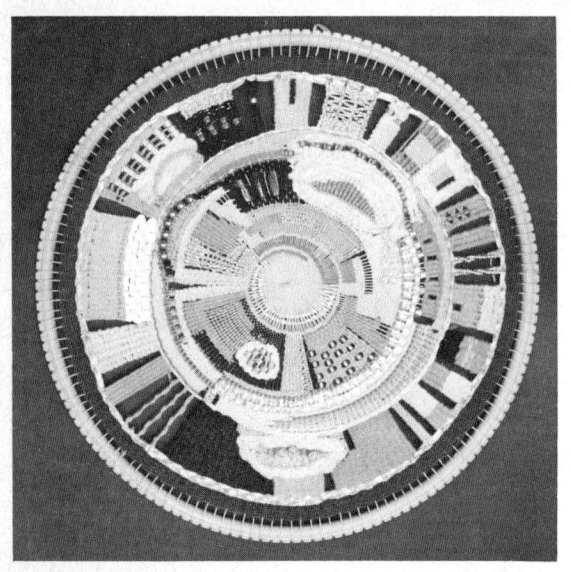

Das Foto links oben zeigt eine fast fertige Arbeit auf einem Rundwebrahmen von 52 cm Durchmesser.

Das Rundweben eröffnet viele Gestaltungsmöglichkeiten und die Verwendung fast aller Materialien für den Schuß: gesponnene und ungesponnene Wolle, Synthetikgarne, Baumwolle, Bouclégarne, Lurexfäden, Weichdraht, Streifen von Filz, Stoff, Stanniol, Cellophan, Plastik usw. Je weiter man zum Außenrand kommt, um so dicker kann das Schußmaterial sein.

Hier noch einmal das Gewebe vom Foto oben, jedoch jetzt vom Rundwebrahmen abgenommen und auf einen Lampenschirm-Ring aufgezogen. Der Ring wurde umhäkelt. Die Kettfadenschlaufen wurden dabei jeweils mitgefaßt. Der glatte dunkle Rand gibt dem Gewebe den richtigen Rahmen und betont den Formen- und Farbenreichtum dieser Arbeit.

Foto rechts: Gewebe in Schwarz, Weiß und Silber auf einer Fahrradfelge als Webrahmen (s. nächste Seiten).

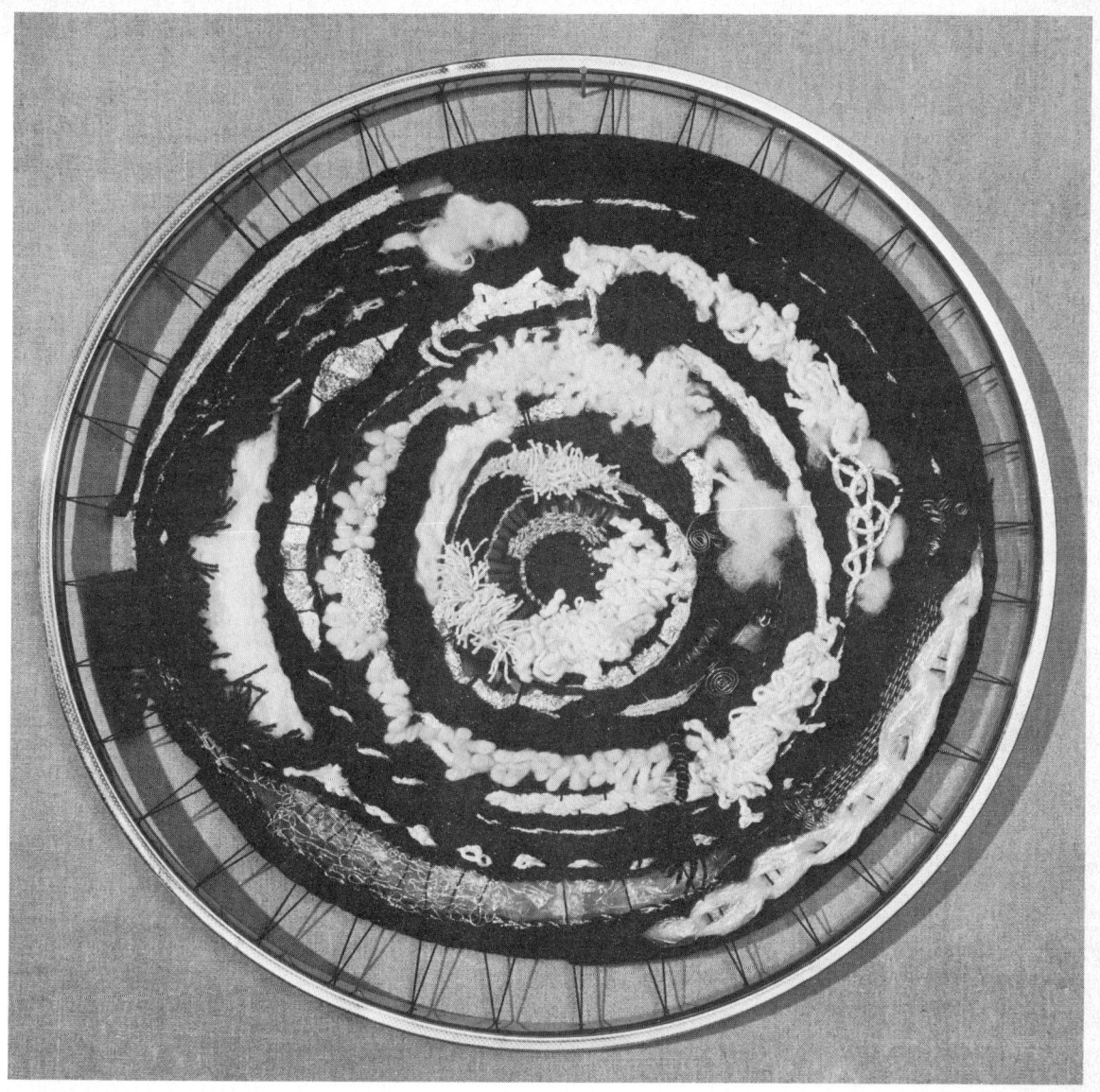

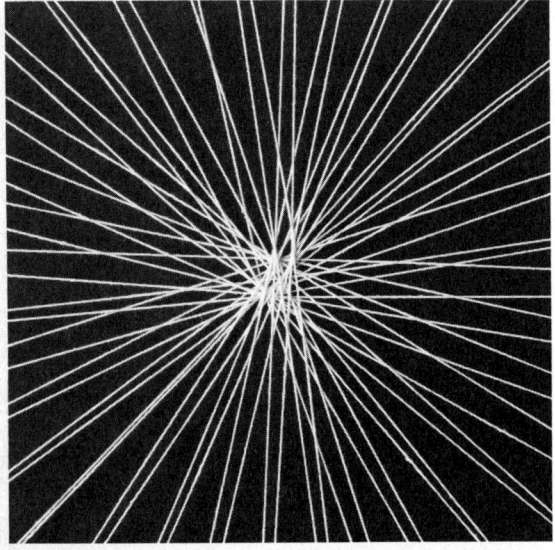

Weben auf einer Fahrradfelge

Eine Fahrradfelge eignet sich gut zum Rundweben. Besonders hübsch sieht eine verchromte Felge aus, die zugleich den Rahmen der fertigen Webarbeit bildet.

Die Kettfäden werden doppelt eingezogen und mit kleinen Hölzchen oder Metallstiften (Nägel) in der Felgenrille befestigt. Würde man die Fäden einzeln spannen, müßte man zuvor die genau benötigte Länge abmessen und die Fäden mühsam von Loch zu Loch fädeln. Die hier gezeigte und beschriebene Methode ist einfacher, allerdings kostet sie etwas mehr Kettmaterial. Als Kette sollte man bei einer so großflächigen Arbeit kräftiges glattes Material nehmen. Bewährt hat sich feingezwirntes Baumwollgarn, sogenanntes Netz- oder Fischergarn (s. Bezugsquellenhinweis Seite 46).

So spannt man die Kette:
Eine normale Fahrradfelge hat 36 Speichenlöcher und eine Ventilöffnung. Von dieser Öffnung aus zählt man nach rechts 19 Löcher ab und beginnt mit dem Kettfaden, den man dort festknotet. Von Loch 19 wird der Faden über die Mitte aufwärts nach Loch 1 (rechts neben dem Ventil) geführt. Hier bildet man mit dem Faden eine Schlaufe und steckt sie durch Loch 1. In die Schlaufe wird ein Hölzchen geschoben (links oben). Danach zieht man den herunterhängenden Faden stramm. Der Faden wird nun nach unten links neben Loch 19 (also 20) geführt

und wie beschrieben befestigt, dann aufwärts nach Loch 2, abwärts nach 21, aufwärts nach 3 usw., bis die Felge bespannt ist (links unten).

Der von Loch 18 (neben dem Anfang) kommende und in Loch 36 (letztes Loch) endende Faden wird etwa 1 m lang abgeschnitten, ganz durch das letzte Loch gezogen und durch die Ventilöffnung wieder zur Mitte zurück gefädelt. Damit ist das Spannen der Kette beendet. Um den letzten Kettfaden zu befestigen, webt man mit seinem Ende die ersten Runden, und zwar auf und ab im entgegengesetzten Uhrzeigersinn (rechts oben). Bis auf den vom Ventil kommenden und den links danebenliegenden Kettfaden sind alle Fäden doppelt. Dadurch ergibt sich zunächst ein verwirrendes Bild, das sich aber ordnet, sobald die ersten Runden gewebt sind (rechts unten).

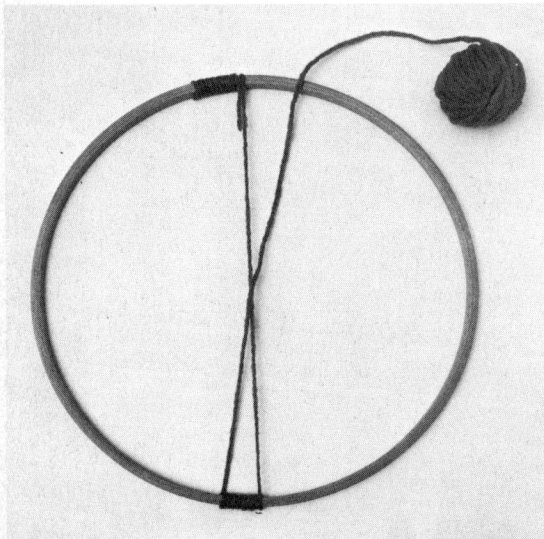

Weben auf einem Holzring

Auch auf einem einfachen Holzring (Stick-rahmen) ohne Zähnchen oder Löcher kann man weben. Das hat den Vorteil, daß man die Abstände der Kettfäden selbst bestimmen kann.

Die Kette wird im Prinzip wie bei der auf den vorigen Seiten gezeigten Fahrradfelge gespannt: Man legt das Ende des vom Knäuel kommenden Fadens von rechts nach links auf den Ring und umwickelt dieses mit nach rechts gehenden Windungen etwa zehnmal. Dann führt man den Faden senkrecht abwärts (links oben).

An der dem Anfang gegenüberliegenden Ringseite wird der Faden ebenfalls zehnmal herumgewickelt, und zwar nach links gehend. Anschließend führt man den Faden aufwärts und wickelt ihn hier nach rechts gehend um den Ring (links unten).

Ist der Ring rundherum bespannt, schneidet man den Faden etwa 50 cm lang ab, geht mit dem letzten Spannfaden nur bis zur Mitte und beginnt im entgegengesetzten Uhrzeigersinn rundherum zu weben (Foto rechts). Sollten die Abstände der Kettfäden nicht gleichmäßig sein, kann man sie etwas verschieben.

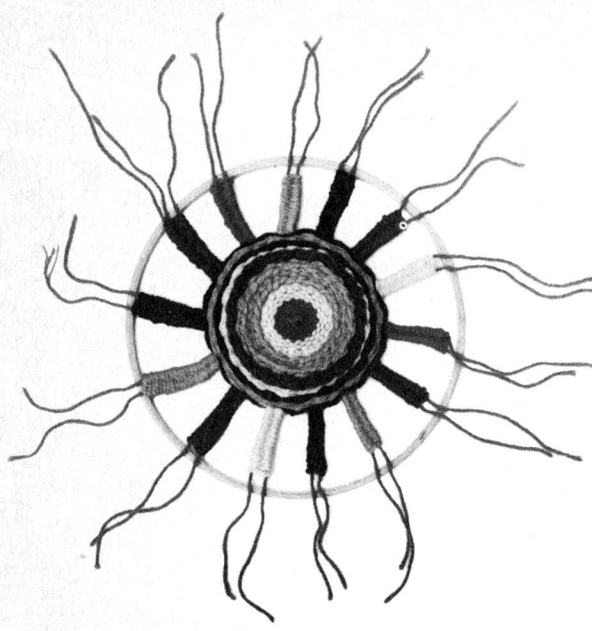

Wichtig: beim Rundweben muß die Zahl der Kettfäden immer ungerade sein, damit der Schuß rundenweise versetzt eingewebt werden kann. Will man die Fäden paarweise umweben wie auf dem Foto links, muß man die Kette korrigieren. Dazu schiebt man den zuletzt gespannten Kettfaden (es ist der, der nur bis zur Mitte geht) an das danebenliegende Fadenpaar und verwebt ihn zusammen mit dem Faden daneben. Links auf dem Foto sieht man die drei Fäden, die wie ein Paar behandelt wurden.

Sind die Kettfäden bis zum Rand hin durchwebt, nimmt man die Arbeit vom Ring, indem man die jeweils mittlere Fadenwindung der Kette durchschneidet — also nur einen Faden, nicht alle! Das Gewebe kann nun weiter verarbeitet werden, z. B. als Applikation auf einer rundgehäkelten Schultertasche (rechts), einem Kissen, einer Decke oder einem Kleidungsstück.

Ist die Arbeit als Wanddekoration gedacht, läßt man sie am besten auf dem Ring und umwickelt die Zwischenräume zwischen den Kettfäden mit passendem Garn.

Beim Rundweben muß die Anzahl der Kettfäden ungerade sein. Will man die Kette paarweise verweben, schiebt man einen der Kettfäden dicht an den danebenliegenden und verwebt ihn mit diesem zusammen wie einen Faden.

Die fertige Webarbeit nimmt man vom Ring, indem man die jeweils mittlere der Kettfadenwindungen an der Außenseite des Ringes durchschneidet und die Fäden löst. Man kann das Gewebe natürlich auch auf dem Ring lassen und als Dekoration verwenden.

Was bekommt man	wo?
Bilderrahmen, neu	Rahmengeschäft, Glaserei, Fotogeschäft, Warenhaus
Bilderrahmen, gebraucht	Trödler, Sperrmüll, Nachlaßverkäufer
Gymnastikring	Spielwarenhandel, Sportgeschäft, Warenhaus
Lampenschirmring	Lampengeschäft, Hobbyladen, Elektriker
Netzgarn (Fischergarn)	Seilerei, Segelmacherei, Geschäft für Sportfischereibedarf, Tomtex (Dänemark)
Peddigrohr	Hobbyladen, Spielwarenhandel, Warenhaus, Samenhandlung
Rahmen, rund	Tomtex, Holløse, 3210 Vejby (Dänemark)
Teppichnadel, Polsternadel	Handarbeitsgeschäft, Warenhaus
Webgarne, Webzubehör	Traub K.G., Waiblingen Tomtex (Dänemark)

Ravensburger Hobbywerkstatt

Inhalt: komplettes Werkzeug + Material + Anleitung.
Beim indianischen Perlweben werden auf Spezialwebrahmen kleine, bunte Glasperlen aufgefädelt und verwebt. Ein kleines Buch, das dem Kasten beiliegt, enthält einen Grundkurs, der ausführlich den Zusammenbau des Rahmens, die Technik der Perlweberei und verschiedene Abschlußarbeiten beschreibt.

Klebetips für kleine und grosse Bastelfreunde

Richtiges Kleben verlängert die Freude.

Nur was richtig verklebt wird, kann richtig zusammenhalten. Deshalb gilt für jede Arbeit: Erst prüfen, welche Materialien welchen Klebstoff brauchen:

Holz, Pappe, Papier: **PONAL** kraftvoller Weißleim — transparent trocknend.

Kunststoffplatten, Hart-PVC, Metall, Gummi, Leder: **PATTEX** klebt mit Superkraft — sekundenschnell.

Metall, Polystyrol®, Acrylglas, Keramik, Holz, Porzellan, Glas, Stein: **STABILIT EXPRESS** superschneller Zwei-Komponentenkleber.

Metall, Keramik, Glas, Porzellan, Mosaik, Polyester, Holz: **STABILIT ULTRA** (Neu!) hochelastischer Zwei-Komponentenkleber.

Schnelle punktuelle Verklebungen bei Bastelarbeiten: **STABILIT DUR** transparent auftrocknender Spezialkleber. Feinste Dosiermöglichkeit durch Plastiktülle.

Papier, Fotos: **PRITT** praktischer Klebestift. Klebt schnell, sauber, sicher und sparsam.

Henkel